John Speirs

Versteckt! Entdeckt?

Das Halloween-Spielbuch

Ravensburger Buchverlag

Für Siggy, Tilly, Rolly, Alexandra und John

2 3 4   04 03 02 01

© 2000 John Speirs
© 2001 Ravensburger Buchverlag Otto Maier GmbH für die deutsche Ausgabe
Erstveröffentlichung: 2000 Scholastic Inc., New York
Originaltitel: The Best Halloween Hunt Ever
Text und Illustration: John Speirs
Printed in Germany
ISBN 3-473-33071-X
www.ravensburger.de
Dieses Werk wurde vermittelt durch die Literary Agency Thomas Schlück GmbH, 30827 Garbsen.

Jan, Sarah, Tina, Anna und Ralf verbringen Halloween
bei den Großeltern von Anna und Jan. Sie treffen Freunde,
spielen Versteck und feiern eine tolle Halloween-Party.
Und du kannst mitmachen! Löse die Rätsel und suche
die verborgenen Schätze in den kunterbunten Wimmelbildern.
Aber hüte dich vor Fallen und vor den verrückten Fledermäusen!

Jan   Sarah   Tina   Anna   Ralf

Die Auflösung der Rätsel findest du auf den Seiten 26 bis 32.

Tinas Vater holt die Freunde ab und fährt mit ihnen aufs Land zu den Großeltern.

Jan entdeckt

Sarah entdeckt

Tina entdeckt

Anna entdeckt

Ralf entdeckt

Die verrückten Fledermäuse sind auch dabei. Wie viele kannst du finden?

Im ganzen Dorf treiben die Kinder Schabernack. Sie stellen die Nachbarn vor die Wahl: „Streich oder Süßigkeiten!"

Jan erwischt

Sarah erwischt

Tina erwischt

Anna erwischt

Ralf erwischt

Vergiß nicht, alle Fledermäuse zu suchen!

Auf dem Heimweg sehen die Freunde eine Halloweenparade.

Jan entdeckt

Sarah entdeckt

Tina entdeckt

Anna entdeckt

Ralf entdeckt

Wie viele Fledermäuse flattern in der Menge umher?

Wieder zu Hause feiern sie eine tolle Halloweenparty.

Jan sucht

Sarah sucht

Tina sucht

Anna sucht

Ralf sucht

Die Fledermäuse sind auch wieder dabei.
Wie viele findest du?

Seite 4 – 5

Seite 6 – 7

Auflösungen

Auflösungen

Seite 8 – 9

Seite 10 – 11

Seite 12 – 13

Seite 14 – 15

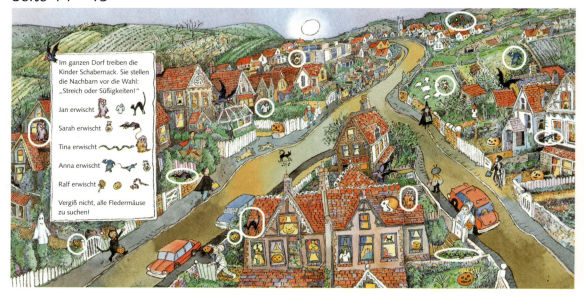

Seite 16 – 17

Seite 18 – 19

Seite 20 – 21

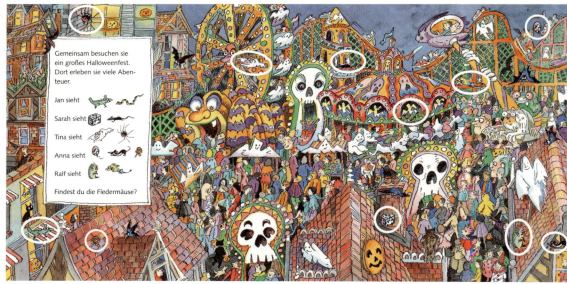

Seite 22 – 23

Auflösungen

Seite 24 – 25

Fledermäuse kannst du
auf jeder Seite finden.

3 fliegen im Klassenzimmer
umher.
3 tummeln sich in der Stadt.
4 sind auf der Farm.
4 sind auch im Haus der Oma.
5 flattern durch Omas Garten.
4 hocken entlang der Straße.
4 verstecken sich
im Riesenlabyrinth
auf dem Schulhof.
3 spuken im Geisterhaus.
6 vergnügen sich
auf dem Halloweenfest.
5 sind auf der Halloweenparade
dabei.
5 feiern auf
der Halloweenparty mit.